C13

PSYCHOMETRER

dessin **masashi**
scénar **yûma A**

D1137576

Cette histoire est une fiction. Toute ressemblance avec des personnes ou des événements existants ou ayant existé est purement fortuite

kana DARK

SOMMAIRE

PSYCHOMETRER

EIJI 5

Intermède 3 La "chaude" journée de l'inspecteur Shima ___ 3

Intermède 4 Formation d'un super groupe de musiciens ___ 25

Intermède 5 Un petit prêt ___ 47

Affaire 4

Cadavres hilares ① ___ 69

Cadavres hilares ② ___ 91

Cadavres hilares ③ ___ 113

Cadavres hilares ④ ___ 135

Cadavres hilares ⑤ ___ 157

Cadavres hilares ⑥ ___ 179

FAIRE ÇA DANS LE POSTE DE POLICE...

NON... ON NE DOIT PAS...

COMME SI TOUT MON CORPS ALLAIT S'ENFLAMMER.

N... NON... J'AI CHAUD...

AAH...

SI JAMAIS QUELQU'UN ENTRAIT POUR DEMANDER UN RENSEIGNEMENT...

Intermède 3

LA "CHAUDE" JOURNÉE DE L'INSPECTEUR SHIMA

J'AI CHAUD... OUI... PEU IMPORTE QUE QUELQU'UN...

tac tac tac

... NOUS VOIE...

J'AIMERAIS REPARTIR À ZÉRO...

AUSSI JE M'INVITERAI UN DE CES QUATRE CHEZ VOUS POUR QU'ON PUISSE BAVARDER UN PEU

!!

プチッ

clac

DE QUELLE COULEUR EST TA CULOTTE ? LAISSE-MOI DEVINER : NOIRE...

CLAC ! TÛT... TÛT... TÛT...

...

ALLÔÔÔÔ ? ... ALORS ? COMMENT TU ES HABILLÉE AUJOUR-D'HUI...?

AB TA KARAMETAME SARAKIKOKE MERA NI GE RUBATESEKE !!*

CLAC ! TÛT... TÛT... TÛT...

Bip

...

JE TE MAUDIS... SACHIKO, JE TE MAUDIS ET JE NE SOUHAITE QU'UNE CHOSE : TA MORT !

...

ピ Bip

*LANGUE INCONNUE

TAC

DAM

BONJOUR ! ICI LE MAGASIN DE VAISSELLE. NOUS AIMERIONS SAVOIR QUAND VOUS POURREZ VENIR PRENDRE LES USTENSILES QUE VOUS NOUS AVEZ COMMANDÉS ?

Bip

ARGH ! MAIS C'EST PAS POSSIBLE, TOUS CES APPELS À LA NOIX !

ON M'A VOLE MES ROUES !?

ARGH ?! QUOiiii ?!

Vriiiiii

Vriiiiii

Vriiiiii

Cyiii

PUB

QU'EST-CE QUE J'AI FAIT POUR MÉRITER ÇA...?

ZUT... ME VOLER MES ROUES

...

ALORS, MADE-MOI-SELLE...

HÉ HÉ

Grml Grml

DES PNEUS BANDES LARGES EN PLUS !!

Grml Grml

Grml Grml

Grml Grml

ILS VONT VOIR UN PEU ! JE VAIS LES RETROU-VER !

JE VOUS RAMÈ-NE CHEZ VOUS ?

PAR-DON ?

Grml

Pom Pom

VOULEZ-VOUS BIEN ME SERVIR UN THÉ ?

50 ans de vie

...

!

POUR LES TOILETTES

JE NE SUIS PAS L'OFFICE LADY DE SERVICE PRÉPOSÉE AU THÉ !

ME DEMAN-DER À MOI DE LUI SERVIR DU THÉ !?

tching

JE VOUS AI PRÉPARÉ VOTRE THÉ, ♡ COM-MIS-SAIRE-

50 ans de vie

ET VOI-LÀ.

HÉ ! HÉ ! JE VAIS TE PRÉPA-RER...

UN THÉ TRÈS GRAND CRU !

O.L.

AVEC LA SERPILLIÈRE QUI A SERVI À NETTOYER LES TOILETTES, IL SERA JUSTE AMER COMME IL FAUT !

Ploc
Ploc
Ploc

AH ...?

50 ans de vie

DONC, CETTE TASSE ...

AH ...

MAIS VOTRE COLLÈGUE A ÉTÉ PLUS RAPIDE QUE VOUS.

DÉSOLÉ DE VOUS AVOIR DÉRANGÉE POUR CELA...

*OFFICE LADY

HI!
HI!
HI!

MLLE
SHIMA
... ♡

VOUS
AVEZ
ENTENDU
MON
MESSAGE
SUR
VOTRE
RÉPON-
DEUR ?

!

COMMENT AS-TU FAIT POUR AVOIR MON ADRESSE ...!?

C'EST TOI...!!

GRR GRR

GRR

QUE...

LA PORTE ÉTAIT OUVERTE ALORS JE ME SUIS PERMIS D'ENTRER.

J'AI AUSSI PRIS UNE BIÈRE DANS LE FRIGO.

SALUT, SHIMA !

...

C'EST QUOI ICI ? UN "LINGERIE PUB" ?

MLLE...

HEIN ?

ON EST BIEN REÇU CHEZ TOI...

OH ! OH ! OH !

HA ! HA ! HA ! HA !

tilt

INTERVIEW SANS DÉTOUR DES ASSISTANTS

PROFIL

NOM : TSUYOSHI YAMAGAMI
DATE DE NAISSANCE : 16/12/1973
DURÉE D'EMPLOI :
DEPUIS "DAIJU NO MAJINDO".
(ŒUVRE PRÉCÉDENTE DES AUTEURS D'EIJI)

Q1 :
QUE VOUS A APPORTÉ ET ENLEVÉ
LE FAIT DE DEVENIR ASSISTANT ?

- J'AI APPRIS BEAUCOUP SUR LE
DESSIN TECHNIQUEMENT. J'AI PERDU
MES FORCES ET MA JEUNESSE.

Q2 :
UN MOT À VOTRE FAMILLE ?

-COMMENT VA LE CHAT ?

Q3 :
SI VOUS AVIEZ UNE REMARQUE À FAIRE...

-JE SUIS VRAIMENT DÉSOLÉ DE TOUJOURS ÊTRE REDEVABLE À M. ASAKI.
LORSQU'IL A DÉMÉNAGÉ, IL M'A DONNÉ UN CHAUFFAGE AU MAZOUT, UN FAX
ET UN CLIMATISEUR... MAIS CE QUE J'AI REÇU DE PLUS PRÉCIEUX EN RÉALITÉ,
C'EST SA GENTILLESSE...

Intermède 4
FORMATION D'UN SUPER GROUPE DE MUSICIENS

AH...

flap
ペラッ

LA FÊTE DU LYCÉE APPROCHE. SI ON REFORMAIT NOTRE GROUPE ?

...

EH ! YU-SU-KE...

CE N'EST PAS AVEC UNE BASSE, UNE BOÎTE À RYTHME ET UN SYNTHÉ QU'ON ARRIVERA À QUELQUE CHOSE...

TAC
カッポッ

TU AS DÉJÀ OUBLIÉ QU'ON S'EST SÉPARÉS PARCE QUE TU N'AVAIS AUCUNE NOTION DU MOT "GROUPE" ?

QU'EST-CE QUE TU RACON-TES, EIJI ?

OUI MAIS...

C'EST EXAC-TE-MENT CE QU'IL NOUS FAUT.

tac-tac
チュッ

!

(108)

LA PAGE DES LECTEURS

RECHERCHE MEMBRES POUR GROUPE

"GUITARISTES ET BATTEUR RECHERCHENT MEMBRE POUR FORMER GROUPE DE ROCK. INSPIRATION : T-REX."

ÉCOLE DE MUSIQUE YOM...

J'AI TROUVÉ UN TRUC INTÉRES-SANT, ON DIRAIT...

PAS DE PROBLÈME ! J'AI CHANGÉ ET MAINTENANT, JE SUIS SÛR QUE ÇA MARCHERA !!!

OH...

!?

REMARQUE, LE GROUPE S'EST RÉFORMÉ RÉCEMMENT...

EH ! OH ! C'EST FINI LES ANNÉES 70...

CE N'EST PAS "KISS" QUAND MÊME...

QU'EST-CE QU'ELLES ME VEULENT, CES FILLES ?

ELLES REGARDENT PAR ICI...

EIJI ! TU COMPTAIS NOUS FAIRE ATTENDRE ENCORE LONGTEMPS ?!

!

SALUT ! DÉSOLÉ ...

STAM

ELLE NE POURRA PAS VENIR.

HEIN ?

C'EST UN PEU SOUDAIN MAIS EMI A DÛ SE FAIRE OPÉRER DES AMYGDALES ...

TADAN

JE SUIS EN RETARD.

OÙ ELLES VOIENT UN LEADER ICI...?

NOUS COMPTONS SUR TOI, "LEADER" !!!

HOURRA !! C'EST GÉNIAL !

HA HA HA HA

BON... C'EST D'AC-CORD.

...

GLING

DANS QUOI JE ME SUIS EMBARQUE ?

PFFF

PFFF

Gloups

HEIN ?

COM-MENT... COM-MENT TU LE SAIS...?

BEN, VOUS AVEZ DISTRIBUÉ DES TRACTS DANS L'ÉCOLE, NON ?

DES TRACTS ?

MÔ-SIEUR YÛSUKE !

ALORS...

TAC

IL PARAÎT QU'ON A MONTÉ UN SUPER GROUPE ?

clat clat

SLAT

EiJi !!!

PFFF

ぼ

PAF

FAIS QUELQUE CHOSE !

JE SUIS UN GARÇON DÉLICAT, MOI !

PARCE QUE TU CROIS QUE C'EST FACILE ?!

DEVANT ELLES...

TU AURAIS DÛ REFU- SER FRAN- CHE- MENT.

QUOI ? VOILÀ CE QUI SE PASSE QUAND ON N'EST PAS ASSEZ CLAIR...

HEIN ?

HEIN ?

OUAIS, BEN, TA DÉLICATESSE TE PERDRA.

PFFF

HEIN ?

INTERVIEW SANS DÉTOUR DES ASSISTANTS

PROFIL

NOM : TOMONARI YABUKI
DATE DE NAISSANCE : 27/10/1974
DURÉE D'EMPLOI :
DEPUIS "DAIJU NO MAUNDO" (3 ANS ?)

Q1 :
QUE VOUS A APPORTÉ ET ENLEVÉ
LE FAIT DE DEVENIR ASSISTANTE ?

APPORTÉ :
BEAUCOUP DE CONNAISSANCES
SUR LES MANGAS.
ENLEVÉ :
DU TEMPS POUR REGARDER
DES DESSINS ANIMÉS
(CRISE DE LARMES).

Q2 :
UN MOT À VOTRE FAMILLE ?

PAPA, MAMAN, À PROPOS DE
L'ÉCOLE... NON, RIEN.

Q3 :
SI VOUS AVIEZ UNE REMARQUE À FAIRE...

APRÈS LA SÉRIE TÉLÉ "EIJI", LE FILM,
PUIS LE JEU VIDÉO !!!
SÉRIEUSEMENT, CE SERAIT BIEN.

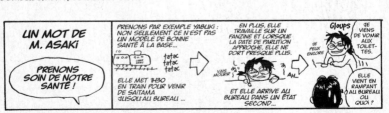

Intermède 5
UN PETIT PRÊT

foua foua foua が がっ がっ

YEH ! COOL ♡

EUH, EN FAIT... JE NE VAIS PAS PRENDRE LES PAINS AU CURRY !

NON...

TU LE CONNAIS, EIJI ?

B'JOUR, M'DAME ! ON VA PRENDRE LES TROIS PAINS AU CURRY.

SAT ^o.o^

QUOI ?

TAP TAP TAP たたたた

C'EST-À-DIRE QUE... ILS N'EN AVAIENT PLUS...

ET ALORS ? T'AS QU'À TROUVER UN ENDROIT OÙ ILS EN VENDENT. ALLEZ !

Gata がた

Gata

IL EST VRAIMENT BON À RIEN...

PAIN GRILLÉ

PAIN

T'ES CON OU QUOI ? ET LES TROIS PAINS AU CURRY ?!

TIENS, AU FAIT...

...!?

QUOI?

AH BON...

GLOUPS GLOUPS

BRR BRR BRR BRR

EUH, NON...

AH... ASUMA

HEIN?!

NE ME DIS PAS QUE T'ES ÉNERVÉ?!

dioo!

TU N'IRAIS PAS NOUS ACHETER DES SAND- WICHES...?

MERCI BEAU- COUP

... EUH...

...

AMERTUME DANS LA VOIX →

BON, BEN, ON Y VA...

JE ME FERAIS BIEN UN PETIT BENTÔ*...

ET UN PETIT MANGA DE CUL POUR LE DESSERT

TAP TAP

♡ VOUS SEREZ GENTILS DE NOUS APPORTER TOUT EN CLASSE.

TIENS, JE ME FERAIS BIEN UN PETIT BENTÔ*...

MOI, JE VAIS PRENDRE UN PAIN AUX UDONS*

POUR MOI, UN PAIN AU CURRY.

JE CROIS QU'ILS NE VENDENT PAS DE PAINS AUX UDONS...

*LES UDONS SONT DES NOUILLES JAPONAISES ÉPAISSES
*LE BENTÔ EST LE NOM DONNÉ AU PLATEAU REPAS FROID JAPONAIS

LA DAME DE LA BOULANGERIE NOUS A DEMANDÉ DE TE LE RENDRE.

Cling Cling

TIENS ! L'ARGENT DES PAINS AU CURRY.

NE VA PAS TE FAIRE DES IDÉES.

MERCI...

...

FLASH

Cling

FLASH

ON A JUSTE LES BOULES DE NE PAS AVOIR BOUFFÉ CE QU'ON VOULAIT.

...

FLASH

FLASH

FLASH

FLASH

!?

DANS CE CAS, TU DEVRAIS AU MOINS TE SOUVENIR DE SON NOM.

JE CROIS QU'ON ÉTAIT DANS LA MÊME CLASSE EN SECONDE...

JE NE SAIS PAS COMMENT DIRE MAIS...

PARCE QUE TU CROIS QUE JE FRÉQUENTAIS CE GENRE DE LOOSER...?

PFFF...

BLA

BLA BLA

IL PARAIT QUE C'EST UNE CAMÉRA DU CLUB D'ASTRO-NOMIE !

TU RIGOLES ?! ALORS UN PERVERS NOUS OBSER-VAIT ?!

QUOI ?! UNE CAMÉRA VIDÉO CACHÉE DANS LE VESTIAIRE DU CLUB DE NATATION ?!

C'EST TOI QUI AS EMPRUNTÉ CETTE CAMÉRA ?!

DIS-NOUS LA VÉRITÉ !!!

...

ÇA T'INTÉ-RESSE, TOI AUSSI HEIN ?

HE ! HE ! HE !

ÇA NE PEUT ÊTRE QUE TOI !

LUI...

HEIN ?

C'EST YOSHI-KAZU MIURA. IL EST DANS NOTRE CLASSE.

QUOI...? LE TYPE DE TOUT À L'HEURE...

NON...

MOI, JE...

QU'EST-CE QUE TU AS ENCORE FAIT ?

EH ! MIURA !!!

tit

CETTE CAMÉRA...

ALLEZ ! FAUT L'EXCUSER, IL EST ENCORE PUCEAU !

FAUT LE COM-PRENDRE : IL EST EN MAN-QUE !

FLASH

FLASH

SA!

EUX...

...

SI VOUS METTEZ LA CAMÉRA COMME ÇA, ON VA LA VOIR !

MAIS NON ! T'INQUIÈTE PAS !

FLASH

FLASH

FLASH

HA ! HA ! HA !

JE...

JE NE SAIS PAS CE QUE TU AS FAIT MAIS TU FERAIS MIEUX D'AVOUER, MIURA !

...

JE M'EN DOUTAIS.

QUOI... ?

EH ! TASHIRO.

...

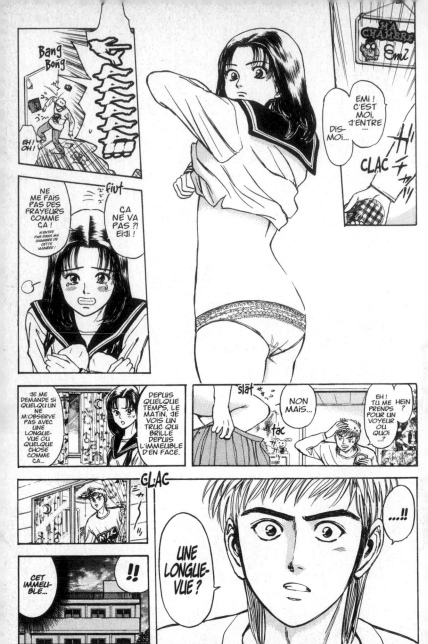

TA
SŒUR
?

PFF !
AMUSANT !
APPELLE-LA.
J'AI DEUX
OU TROIS
TRUCS À LUI
DEMANDER.

C'EST
MA
PETITE
SŒUR.

...

C'EST
...

MES
PARENTS
ONT
DIVORCÉ...

FLASH

FLASH

HEIN
...?

...

ELLE
N'EST
PLUS
LÀ...

MAIS
POURQUOI
OBSERVAIT-
ELLE
EMI...?

...

FLASH

FLASH

ET ELLE
EST PARTIE
VIVRE
AVEC MA
MÈRE...

FLASH

FLASH

FLASH

NON...

Snif

C'EST POUR ÇA...

ET PUIS, UN JOUR, ELLE M'A DIT QU'ELLE AIMERAIT BIEN TE VOIR...

JE RACONTAIS ÇA À MA SŒUR...

QUOI ? CELUI AVEC LES CHEVEUX DÉCOLORÉS ?!

TU LE VOIS, NON ?

...

J'AIMERAIS BIEN MONTER DERRIÈRE LUI EN MOTO...

...

JE... JE NE POUVAIS PAS LUI DIRE D'ARRÊ- TER...

Snif

ÉVIDEMMENT, JE PENSAIS QUE C'ÉTAIT MAL D'OBSERVER LES GENS COMME ÇA MAIS...

ELLE A UNE SANTÉ TRÈS FRAGILE ET ÇA FAIT DÉJÀ DEUX ANS QU'ELLE EST ALITÉE ET NE SE LÈVE PRESQUE JAMAIS...

¡IDIOTE ! NE TE FAIS PAS TROP D'ILLUSIONS !

ET ÇA ME METTAIT UN PEU MAL À L'AISE DE NE RIEN FAIRE.

tac

JE ME SENTAIS UN PEU REDEVABLE ENVERS LUI.

EH ! EIJI !

J'AVAIS BEAU DIRE CELA...

JE SAIS TRÈS BIEN QUE JE N'HÉSITERAIS PAS UNE SECONDE.

S'IL ME DEMANDAIT VRAIMENT DE L'AIDER...

JE M'ACQUITTERAI DE MA DETTE ET JE LUI RENDRAI CETTE PIÈCE DE 100 YENS, EN MÊME TEMPS.

MAIS UN JOUR...

INTERVIEW SANS DÉTOUR DES ASSISTANTS

PROFIL

NOM : AYAKO YAMASHITA
DATE DE NAISSANCE : 09/03/77
DURÉE D'EMPLOI :
DEPUIS PRESQUE UN AN

Q1 :
QUE VOUS A APPORTÉ ET ENLEVÉ
LE FAIT DE DEVENIR ASSISTANTE ?

APPORTÉ :
DES ILLUSTRATIONS ORIGINALES
DE M. ASAKI
ENLEVÉ : DES FORCES

Q2 :
UN MOT À VOTRE FAMILLE ?

GRÂCE À VOUS, J'AI FINI PAR
DEVENIR UNE ADULTE CETTE
ANNÉE. THANK YOU !

Q3 :
SI VOUS AVIEZ UNE REMARQUE
À FAIRE...

À TOUT LE STAFF DU MANGA :
"VOUS AVEZ VU LA SÉRIE TÉLÉ
DE EIJI ?"

UN MOT DE
M. ASAKI

CHAPITRE
"YAMASHITA"

LORSQUE YAMASHITA
VOIT UN BÉBÉ CHIEN...

ARGH !
JE LUI
METTRAIS
BIEN UN
COUP DE
PIED !

C'EST
CE QU'ON
RACONTE...

JE
PENSAIS
QUE
LES PER-
SONNES
COMME
ELLE
ÉTAIENT
DES
EXCEP-
TIONS
MAIS...

EN FAIT, IL SEMBLE QU'ELLE NE
SOIT PAS VRAIMENT LA SEULE
DANS CE CAS.

J'AI
ENVIE DE
FRAPPER
UNE
ACTRICE
...

SUITE DE L'HISTOIRE DE YAMASHITA EN PAGE 112

Affaire 4 **CADAVRES HILARES** 1

TOUT EN LES RAMASSANT, IL A MONTÉ LES ESCALIERS ET EST ARRIVÉ DEVANT CETTE SALLE DE CLASSE.

C'EST BON.

VOUS POUVEZ LES LAISSER PASSER. ♥

♥ O... OUI, INSPECTEUR SHIMA.

SHUUUUU

HEIN ?

STOP ! L'ENTRÉE EST INTERDITE, VOUS NE VOYEZ PAS ?!

ELLE S'EST MISE À RIRE FORT ET À COURIR...

ET ELLE A SAUTÉ À TRAVERS LA FENÊTRE.

EN-SUITE...

IL A VU UNE FILLE TOUTE NUE QUI LUI TOURNAIT LE DOS...

APPAREMMENT, RIEN NE LAISSAIT PENSER QU'ELLE ALLAIT SE SUICIDER.

BIEN ENTENDU, NOUS AVONS INTERROGÉ SA FAMILLE ET SES AMIS QUI ÉTAIENT À L'ÉCOLE CE MATIN MAIS...

...

INUTILE DE VOUS MONTER LA TÊTE !! ON SE RETIRE DE L'AFFAIRE.

!

HEIN ...?

!?

PFF ! MOI, TOUT CE QUE JE VOIS, C'EST UNE VIEILLE FILLE QUI TRAINE AVEC UN PETIT JEUNE.

À CHACUN SA JURIDIC-TION !

MAIS...

TOUJOURS AUSSI BORNÉ, LE VIEUX.

...

...DANS L'AFFAIRE D'UNE ÉLÈVE QUI SE SUICIDE À CAUSE DU STRESS DE SES EXAMENS D'ENTRÉE À L'UNIVER-SITÉ...

LA BRIGADE CRIMINELLE N'A PAS SA PLACE...

PASSE CHEZ MOI APRÈS L'ÉCOLE.

JE VAIS RASSEMBLER QUELQUES OBJETS SUR LES LIEUX DE L'INCIDENT. J'AIMERAIS QUE TU FASSES UNE PSYCHO-MÉTRIE.

PAS DE PROBLÈME.

TU DIS ÇA MAIS LA DERNIÈRE FOIS, TOUT CE QUE TU M'AS SERVI, C'EST DES NOUILLES INSTANTANÉES.

ET CE SOIR ? CE SERA QUOI ? DES LAPINS SURGELÉS ?

PFF ! ON SE SERT DE MOI...

OH ! ÇA VA ! JE T'INVITERAI À DÎNER.

...

⁉

ELLE EST JUSTE VENUE ME POSER DES QUESTIONS PARCE QUE LA FILLE EST DE LA MÊME ÉCOLE QUE NOUS...

BEN QUOI ?

ENTRE VOUS DEUX... Y A ANGUILLE SOUS ROCHE

BIP BIP LO LO LO

EH ! EIJI !

IL PARAÎT QUE LA FEMME FLIC EST ENCORE VENUE. ♡

TOI..!!

ELLE FAISAIT PARTIE DU CLUB DE NATATION ET AVAIT UN STYLE PUR.

DES CHEVILLES TOUTES FINES, COMME ÇA !

EN TOUT CAS, C'EST UN SACRÉ SUICIDE...

OUAIS ! ELLE ÉTAIT PLUTÔT MIGNONNE D'AIL-LEURS.

TU CROIS QUE TU VAS POUVOIR MATER SES SEINS ?

OUAIS !

HO HO

...

...

IL NE PENSE VRAIMENT QU'À ÇA, LUI...

...

J'AI EU LE RAPPORT D'AUTOPSIE.

ZAT

VOUS VOULEZ DIRE QUELQUE CHOSE D'ANORMAL ?

...

DES CHAMPI-GNONS...

DES BASI-DIO-MY-CÈTES.

EN TERMES PLUS SIMPLES : DES CHAMPI-GNONS.

CE QUI VEUT DIRE QU'AU DÎNER

MAIS IL Y AVAIT QUAND MÊME DES RESTES D'ALI-MENTS.

ELLE EST MORTE TÔT LE MATIN ET N'AVAIT DONC QUE PEU DE CHOSES DANS L'ESTOMAC.

CE N'EST PAS LE GENRE DE TRUC QU'ON DIT AVEC UN SÉRIEUX PAREIL !

OUI, CELUI QUE L'ON APPELLE L'AMANITE MUSCARIA...

DES CHAMPI-GNONS VÉNÉNEUX !?

CE N'ÉTAIT PAS DE SIMPLES CHAMPI-GNONS...

UN CHAMPI-GNON DE CETTE SORTE-LÀ.

UN CHAMPIGNON ROUGE AVEC DES TACHES BLANCHES, EN FORME DE PARAPLUIE, COMME CEUX QU'ON PEUT VOIR DANS LES CONTES POUR ENFANTS...

C'EST SÛR QU'IL N'A PAS L'AIR COMESTIBLE.

MAIS DES CHAMPI-GNONS VÉNÉNEUX.

QUEL RAPPORT PEUT-IL Y AVOIR AVEC LE SUICIDE ?

A DES EFFETS HALLUCINOGÈNES TRÈS PUISSANTS.

NON... EN RÉALITÉ, CE CHAMPIGNON...

VOUS PENSEZ QU'ELLE A MANGÉ CE CHAMPIGNON POUR SE TUER MAIS QUE, NE POUVANT PLUS SUPPORTER L'ATTENTE, ELLE A SAUTÉ PAR LA FENÊTRE ?

JE PENSE QUE TU CONNAIS LE LSD QUI EST UN HALLUCINOGÈNE ÉGALEMENT. CETTE DROGUE EST FAITE À PARTIR DES MÊMES GERMES QUE CE CHAMPIGNON.

OUI.

HEIN ? CE CHAMPIGNON ?

TOI ALORS...
OUPS...

FIUUUUU

C'EST VRAI, LE LSD AUSSI...

OUI...

POUR QU'ELLE FINISSE PAR SE SUICIDER ?

IL EST DONC PROBABLE QUE QUELQU'UN L'AIT FORCÉE À MANGER CE CHAMPIGNON...

AVANT DE SE JETER DANS LE VIDE EN TRAVERSANT UNE FENÊTRE...

HM...

TU NE TROUVES PAS ÇA BIZARRE ?

JE NE VOIS PAS TROP POURQUOI ELLE SE SERAIT DÉSHABILLÉE DANS LE COULOIR DU LYCÉE À 5H DU MAT'...

MÊME EN AYANT DES HALLUCINATIONS...

OUI...

MAIS IL EST TRÈS RARE D'EN MOURIR EMPOISONNÉ.

IL EST VRAI QU'IL EST DANGEREUX D'EN MANGER...

ON DIT QU'ILS EN PRENAIENT AVANT LES ASSAUTS POUR SE DONNER DU COURAGE.

AU 10e SIÈCLE, L'AMANITE ÉTAIT UTILISÉE PAR LES PIRATES...

...À LA PLACE D'UNE DROGUE ?

ON NE PEUT PAS IMAGINER QUE QUELQU'UN DE MAL INTENTIONNÉ LUI EN AIT FAIT PRENDRE...

LA POLICE ENQUÊTE DANS CETTE DIRECTION MAIS...

IL EXISTE TOUT DE MÊME BEAUCOUP D'AUTRES MOYENS POUR TUER QUELQU'UN.

SANS COMPTER QUE JE N'AI JAMAIS ENTENDU DIRE QUE CE CHAMPIGNON POUVAIT PROVOQUER DES ENVIES SUICIDAIRES.

BON...

PERSON-NELLEMENT, C'EST LA MANIÈRE INHABITUELLE DONT ELLE EST MORTE QUI M'INTRIGUE.

JE SUPPOSE QUE C'EST LÀ QU'INTER-VIENT LE "SUPER HÉROS" ?

J'AI LA SENSATION QU'ON N'EST QU'AU DÉBUT D'UNE AFFAIRE QUI VA FAIRE PARLER D'ELLE...

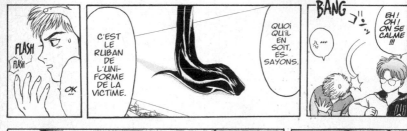

FLASH

FLASH

OK ...

C'EST LE RUBAN DE L'UNI-FORME DE LA VICTIME.

QUOI QU'IL EN SOIT, ES-SAYONS.

BANG

EH ! OH ! ON SE CALME !!!

FLASH

FLASH

FLASH

FLASH

FLASH

FLASH

FLASH

J'Y VAIS ...

INTERVIEW SANS DÉTOUR DES ASSISTANTS

PROFIL

NOM : TAKAYA NAGAO
EN FAIT, QUAND J'ÉTAIS AU LYCÉE, MON SURNOM, C'ÉTAIT KANCHI. À CAUSE DE LA SÉRIE "TOKYO LOVE STORY" (J'AIME BIEN CE SURNOM)
DATE DE NAISSANCE : 19/02/66
DURÉE D'EMPLOI :
ENVIRON 1 AN ET DEMI

Q1 :
QUE VOUS A APPORTÉ ET ENLEVÉ LE FAIT DE DEVENIR ASSISTANT ?

APPORTÉ :
COMME CELA M'A POUSSÉ À HABITER SEUL, JE FAIS CE QUE JE VEUX DE MON TEMPS LIBRE LE WEEK-END.
ENLEVÉ :
JE N'AI PLUS LE TEMPS DE VOIR LES AMIS QUE J'AI DANS MA VILLE NATALE.

Q2 :
UN MOT À VOTRE FAMILLE ?

EST-IL VRAI QUE VOUS M'AVEZ RAMASSÉ SOUS UN PONT LORSQUE JE N'ÉTAIS ENCORE QU'UN BÉBÉ ? QUANT À MON GRAND FRÈRE, IL PARAÎT QUE VOUS L'AURIEZ RAMASSÉ SUR UN PONT...

Q3 :
SI VOUS AVIEZ UNE REMARQUE À FAIRE...

AU BUREAU, TOUT LE MONDE EST TRÈS SYMPA ET C'EST TRÈS AGRÉABLE D'Y TRAVAILLER.

VOILÀ : C'EST LE CACTUS QUE JE PRÉFÈRE DANS MA CHAMBRE.

PASSE-TEMPS : DORMIR
SPÉCIALITÉ : ÊTRE À CÔTÉ DE LA PLAQUE ; ÊTRE EN RETARD
TECHNIQUE SECRÈTE : PARLER EN DORMANT

UN MOT DE M. ASAKI

LE GRAND DÉTECTIVE ! JOURNAL D'ENQUÊTE DE NAGAO.
(CHAPITRE DE LA POMME À RETARDEMENT)

LE MEURTRIER, C'EST NISHIMAKI LE COLLECTIONNEUR DE PAPILLONS, N'EST-CE PAS !

HÉ ! HÉ ! J'AI COMPRIS.

ÇA... VA SAVOIR...

HÉ ! HÉ ! LA SEMAINE SUIVANTE, ON RETROUVE LE CADAVRE DE NISHIMAKI...

EN FAIT, ON CROIT QU'IL EST MORT MAIS IL EST VIVANT !!!

HÉ ! HÉ ! ON NE ME LA FAIT PAS, À MOI...

LA SEMAINE SUIVANTE, ON DÉCOUVRE LE VRAI COUPABLE...

JE SAIS ; EN RÉALITÉ, DERRIÈRE TOUT ÇA, C'EST NISHIMAKI QUI TIRAIT LES FICELLES ! HÉ ! HÉ !

ON VA ÊTRE GENTILS ET NE PAS LE CONTRARIER !

MAIS SHIMA N'EST PAS DU MÊME AVIS ET DEMANDE À EIJI DE FAIRE UNE PSYCHO-MÉTRIE.

LE COMMISSAIRE HANEYAMA NE VOIT LÀ QU'UN CAS DE SUICIDE D'UNE ÉLÈVE EN PROIE AU STRESS DE SES EXAMENS D'ENTRÉE À L'UNIVERSITÉ.

UNE ÉLÈVE DU LYCÉE D'EIJI S'EST SUICIDÉE EN SE JETANT PAR UNE FENÊTRE APRÈS S'ÊTRE DÉSHABILLÉE.

ENSUITE, J'AI ENTENDU LA VOIX D'UN HOMME QUI DISAIT...

"CHAT SAUVAGE... PIGEON... BALEINE... CHEVEUX..."

PSYCHOMETRER EIJI

MONTRE
...

COMPAS
...

CADAVRES HILARES 2

TRIANGLE...

LONGUE-
VUE...

ELLE EST EN RETARD, SHIMA...

TÔRU EGAWA
élève de première au lycée Kairinji

JE SUIS IMPATIENT...

ÇA FAIT UN MOMENT QUE JE VOULAIS LUI PARLER, À CE FLIC AUX GROS SEINS.

N'EN RAJOUTE PAS, TÔRU...

TU PEUX ME FAIRE CONFIANCE !

SI JE T'AI DEMANDÉ DE VENIR, C'EST PARCE QUE TU CONNAIS BIEN LES BOÎTES DU QUARTIER.

NE TE FAIS PAS D'ILLUSIONS.

...

POUR-QUOI ? TU PENSES AVOIR DU RÉPONDANT ?

TU ME CHER-CHES ?

IL FAUT PARFOIS FAIRE JOUER SES RELATIONS.

tac
ピク...

LE "TEARS" À OMOTESANDÔ, C'EST ÇA ?

LE DJ DE CETTE BOÎTE ÉTAIT EN CLASSE AVEC MOI AUTREFOIS.

ZWiing ZWiing ZWiing

COU-COU !

QUEL-QUE CHOSE À REDIRE ?

clac

TU VEUX JOUER LES FILLETTES, OU QUOI ?

AH AH AH

fiuuu.. fiuuu

ALORS ? COMMENT VOUS ME TROUVEZ ? ON Y CROIT ?

...

TADAN

DÉSOLÉE D'ÊTRE EN RETARD !

ON A PERDU TOUS NOS INDICS DU MILIEU DE LA DROGUE ET ON N'A PLUS D'INFORMA-TIONS SUR LES RÉSEAUX.

TU NOUS RENDS UN GRAND SERVICE, TORU.

IL EST TRÈS DIFFICILE POUR LA POLICE DE SAVOIR EXACTEMENT COMMENT LES FILLES DE 16, 17 ANS EN ARRIVENT À DEALER DE LA DROGUE.

JE CONNAIS À PEU PRÈS TOUS LES ENDROITS OÙ ON PEUT S'APPROVI-SIONNER EN DROGUE.

FAITES-MOI CONFIAN-CE.

IL N'Y A PAS DE QUOI EN ÊTRE FIER MAIS...

....!!

ELLE S'AP-PELLE RYÔKO

C'EST MA MEUF.

HO ! HO ! HO !

ET ...?

? OH ! FAIS PAS D'HISTOIRES, HEIN !

Bla-Bla-Bla

QU'EST-CE QUE TU VEUX DIRE PAR "C'EST MA MEUF" ?

LA PETITE BOMBE, LÀ ?

Tac

J'SUIS RYÔKO !

HEIN ?

tic tic

SALUT !

ZOOM

QUE ...

C'EST UNE MANIÈRE DE TE SALUER.

ALLEZ...

C'EST QUOI, CES MANIÈRES ?!

TU ME PRENDS POUR QUI ?!

UN JOUR, JE LE TUERAI CE DJ...

BON, AS-SEYEZ-VOUS LÀ.

OUAIS. TOI, TU DOIS SAVOIR OÙ ON PEUT SE PROCURER ÇA, NON ?

DES CHAMPI-GNONS POUR TRIPER...?

OUI !

TU EN VEUX ?

...

QU'EST-CE QU'ON FAIT, SHIMA ?

...

VOUS POURRIEZ BIEN AVOIR CE QUE VOUS CHERCHEZ.

TAP

JE NE SUIS QU'UN DJ ET DONC JE NE CONNAIS PAS CES MACHINS-LÀ, MAIS...

SI VOUS ATTENDEZ UN PEU...

VOUS AVIEZ L'AIR DE CHERCHER QUELQUE CHOSE...

"POUR- QUOI"?

POURQUOI VOUS NOUS AVEZ ATTAQUÉS ?

...U U

QU'Y A-T-IL DE MAL À VOULOIR QUELQUE CHOSE ?

C'EST ÇA QUE VOUS CHER- CHEZ ?

UN TRUC COMME LE LSD...?

!?

UN HALLUCI- NOGÈNE GENRE LSD.

IL PARAÎT QU'IL Y A UNE NOUVELLE DROGUE QUI CIRCULE SUR LE MARCHÉ EN CE MOMENT.

ET QUI SE MANGE COMME UN COOKIE...

CE MACHIN FAIT AVEC UN PRODUIT ROUGE QUI DURCIT...

C'EST QUOI "ÇA" ?

....!!

L'AMANITE A UN CHAPEAU DE COULEUR ROUGE...!!

ELLE EST GELÉE.

TU AS VU LA PISCINE EXTÉRIEURE ?

IL FAIT UN DE CES FROIDS ...

SALUT !!!

SÉRIEUX !?

ÇA VA CRAQUER !?

C'EST VRAI !

3   2   1

TAP

REGARDE ! REGARDE !

TAP

COOL ! ON VA FAIRE DU PATIN À GLACE !

TAP

QU'EST-CE QU'IL Y A ?

AAAAAH !!

2

ARRÊTE... SI ELLE SE CASSE ET QUE TU TOMBES DEDANS, TU FAIS À COUP SÛR UN ARRÊT CARDIAQUE

suut

ON MARCHE DESSUS ?

HEIN ...?

Gla Gla Gla

LÀ ...

LÀ ...

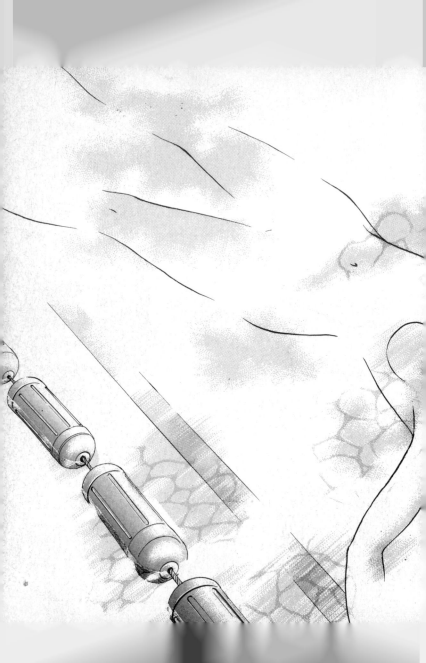

INTERVIEW SANS DÉTOUR DES ASSISTANTS

PROFIL

NOM : HIDESHI MUKAI
DATE DE NAISSANCE : 01/11/1973
DURÉE D'EMPLOI : PRESQUE SIX MOIS

Q1 :
QUE VOUS A APPORTÉ ET
ENLEVÉ LE FAIT DE DEVENIR
ASSISTANT ?

APPORTÉ :
DES NUITS FAITES D'UN
SOMMEIL PROFOND.
ENLEVÉ :
CHAQUE JOUR, J'OUBLIE
TOUJOURS QUELQUE CHOSE.
C'EST DE PLUS EN PLUS FRÉQUENT.

Q2 :
UN MOT À VOTRE FAMILLE ?

MERCI DE VEILLER SUR VOTRE
IDIOT DE FILS AVEC TANT
D'AFFECTION.

Q3 :
SI VOUS AVIEZ UNE REMARQUE À FAIRE...

JE VEUX VOIR NENE OOTSUKA ! JE VEUX ALLER AU LIVE DE HAMADA
SHÔKO ! JE VEUX ÉCRIRE UN SCÉNARIO ! JE VEUX FAIRE DU TOURISME ! JE
VEUX FAIRE DE LA PLONGÉE ! JE VEUX DÉMÉNAGER ! JE VEUX CHANTER ! JE
VEUX BOIRE ! JE VEUX B...(CENSURÉ) ! JE VEUX MOURIR !! (RIRES)

UN MOT
DE M. ASAKI

LA VÉRITÉ
SUR HIDESHI
MUKAI

TU SAIS QUI C'EST, HEIN ?!

LA FILIÈRE ? LE DEALER ? PARLE !

LEUR ENQUÊTE ET LA PSYCHO-MÉTRIE D'EIJI...

EIJI ET SHIMA ENQUÊTENT SUR LE SUICIDE D'UNE JEUNE FILLE QUI S'EST JETÉE NUE À TRAVERS UNE FENÊTRE D'UN BÂTIMENT DE L'ÉCOLE.

LEUR PERMET-TENT D'OBTE-NIR DES INFORMA-TIONS.

CHAT SAUVAGE... PIGEON... BALEINE... CHEVEUX...

LA VOIX D'UN HOM-ME...

PSYCHOMETRER EIJI

QU'IL SE FAIT APPELER "POISON" ...

JE SAIS...

LÀ !

BRR BRR BRR

LÀ...

PUIS, DE NOUVEAU ...

SOUS LA GLACE DE LA PISCINE EXTÉRIEURE GELÉE PAR LE FROID, UN DEUXIÈME CADAVRE SOURIANT EST DÉCOUVERT !!

AAAAAAAAAAAAAAAAAAH !?

CADAVRES HILARES 3

1-E

J'AI PEUR MAINTENANT... C'EST LA DEUXIÈME.

POURQUOI EST-CE SEULEMENT DANS NOTRE ÉCOLE QU'IL Y A DES SUICIDES...?

Pshhhh GRRR

ALLONS, COMMISSAIRE.

TOI !

ON Y VA, JE TE DIS.

QUOI ?

TU VEUX DIRE QU'ELLES AURAIENT ÉTÉ TUÉES ?!

OUI, JE TIENS ÇA DE SOURCE SÛRE.

EN FAIT, C'EST UN SECRET MAIS...

ATTENTION, EMI...

IL PARAÎTRAIT QUE CE NE SONT PAS DES SUICIDES !

AH... MOI, ÇA NE ME PARAIT PAS IMPOSSIBLE AVEC CETTE FILLE...

BEN OUI, ELLE N'ÉTAIT PAS DU GENRE À SE SUICIDER.

?

TU SAIS CELUI DONT ON DIT QU'IL PREND DES PILULES DANGEREUSES...

DES PILULES ?

C'ÉTAIT QUI DÉJÀ SON PETIT COPAIN À HOSOKAWA ?

MIZUTANI, LE GARÇON QUI EST EN PREMIÈRE.

MOI, JE DIS QU'IL Y A UN GARÇON LÀ-DESSOUS !

*AU JAPON, ON DIT QUE LES SAIGNEMENTS DE NEZ SONT DES SYMPTÔMES D'EXCITATION SEXUELLE!

SI, UN PEU...

MAIS ELLE ÉTAIT EN SECONDE COMME TOI, NON ? TU N'AS PAS ENTENDU DES RAGOTS À SON SUJET ?

IL PARAÎT QU'ELLE SORTAIT AVEC MIZUTANI, UN GARÇON DE PREMIÈRE.

ELLE VIENT DE L'APPRENDRE !

ON DIT QUE C'ÉTAIT AVEC UN TYPE QUI PRENAIT DES PILULES DANGEREUSES.

NON, MAIS EN TOUT CAS...

TU ES SÛRE DE CE QUE TU DIS....?

MIZUTANI ?

EH, MIZUTANI !

!

QUOI...?

ÇA M'EN A TOUT L'AIR...

BON.

C'EST LUI...?

DES PILULES...?

JE PEUX FAIRE QUELQUE CHOSE POUR TOI ?

SAT

...

QUOI ?

DIS-MOI...

TU SORTAIS AVEC HOSOKAWA ?

AH...

ASUMA...

ZAT

C'EST TERRIBLE, HEIN ?

...

PLUS OU MOINS...

PFF... JE SUIS SÛR...

HEIN ?

... QU'ELLE NE S'EST PAS SUICIDÉE.

....!!!

ON EST MÊME ALLÉS ACHETER NOS PLANCHES L'AUTRE JOUR.

BEN OUAIS... ON S'ÉTAIT PROMIS D'ALLER ESSAYER LE SNOW BOARD AUX PROCHAINES VACANCES D'HIVER.

...

ELLE N'AVAIT PAS DE RAISON DE SE SUICIDER !!!

IDIOT.

J'EN AI RIEN À FOUTRE DE CE QUE TU FAIS DE TA VIE MAIS...

MOI ? NON, TU RIGOLES...

JE VEUX JUSTE QUE TU RÉPONDES FRANCHEMENT À UNE CHOSE.

IL PARAÎT QUE TU TOUCHES AUX MÉDICOC'?

ÉCOUTE, MIZU-TANI...

ON A ÉGALEMENT TROUVÉ DANS LE CORPS DE HOSOKAWA DES TRACES DE CHAMPIGNON HALLUCINOGÈNE.

Flap

LES RAPPORTS D'AUTOPSIE RÉVÈLENT EXACTEMENT CE QUE JE PENSAIS.

IL DOIT ÊTRE TRÈS DIFFICILE D'ÉTABLIR UN PROFILING.

LE MEURTRIER NE TOUCHE PAS SES VICTIMES DIRECTEMENT.

MAIS IL S'AGIT D'UN CAS TRÈS SPÉCIAL, NON ?

EN-CORE "RED PARASOL" ...?

HEIN ?

OUI.

MAIS IL RESTE MALGRÉ TOUT DES PREUVES ANALYSABLES PAR LA PSYCHOLOGIE.

ON PEUT DONC PENSER QUE LE MEURTRIER EST UNE FEMME.

TOUT D'ABORD, BIEN QUE LES VICTIMES AIENT ÉTÉ RETROUVÉES NUES...

OU ENCORE UN IMPUISSANT SEXUEL OU UN HOMME PAS ENCORE MÛR PHYSIQUEMENT.

ELLES N'ONT PAS ÉTÉ VIOLÉES.

OH...

UNE VENGEANCE...

EST LE SYMPTÔME DE L'EXISTENCE D'UN SENTIMENT DE VENGEANCE.

DANS DE NOMBREUX CAS, LE FAIT QUE LE CRIMINEL EXPOSE SES VICTIMES NUES EN PLACE PUBLIQUE...

LE PROBLÈME...

CE SONT LES VISAGES SOURIANTS DES VICTIMES...

C'EST UN PREMIER POINT. ENSUITE...

LE DEUXIÈME FAIT ÉTRANGE, C'EST QUE LES DEUX VICTIMES N'ONT APPAREMMENT ABSOLUMENT AUCUN POINT COMMUN.

MAIS SI ON PEUT SUPPOSER QU'À L'AIDE DE CHAMPIGNONS HALLUCINOGÈNES ET D'HYPNOSE, LE MEURTRIER LES AIT FORCÉES À RIRE...

LA QUESTION RESTE DE SAVOIR POURQUOI...

...

EST-CE QUE VOUS CROYEZ AUX "ENVOÛTE-MENTS" ?

HEIN ?

JE VOUS AI DÉJÀ EXPLIQUÉ QU'IL ÉTAIT TRÈS DIFFICILE D'ARRIVER À POUSSER QUELQU'UN À SE SUICIDER MÊME EN UTILISANT DES DROGUES ET L'HYPNOSE.

ON SAIT ÉGALEMENT QUE CES ENSORCEL-LEMENTS ONT POUR BASE DES SUBSTANCES HALLUCI-NOGÈNES !

ON A RELEVÉ UN PEU PARTOUT DANS LE MONDE DE NOMBREUX CAS DE PERSONNES QUI AVAIENT PERDU CONNAISSANCE ET QUI S'ÉTAIENT DONNÉ LA MORT SOUS L'EMPRISE DE PHÉNOMÈNES DE CE TYPE.

POURTANT LA MAGIE NOIRE, LES MALÉDIC-TIONS DIVINES, LE VAUDOU EXISTENT BEL ET BIEN...

EH ! OH ! ...

... ON RACONTE QUE DES PEUPLES VIVANT DANS LA FORÊT VIERGE PRATIQUENT CES ENVOÛTEMENTS.

MAIS ON DOIT GARDER À L'ESPRIT QUE C'EST CERTAINEMENT QUELQUE CHOSE DE PROCHE.

NON ...

POUR COLIN WILSON, CHERCHEUR ANGLAIS QUI FAIT AUTORITÉ EN MATIÈRE DE PARAPSYCHOLOGIE...

LES ENVOÛTEMENTS SONT LE POINT NÉGATIF DE L'ESPRIT, CE QU'IL APPELLE LE "T-FIELD".

...

TU N'ES QUAND MÊME PAS EN TRAIN DE ME DIRE QUE CES DEUX FILLES SE SONT SUICIDÉES SOUS L'EMPRISE D'UN ENVOÛTEMENT ?

FAUT ARRÊTER LA PLAISANTERIE.

IL EST ENVISAGEABLE QUE CE FLUX PUISSE SE TRANSMETTRE À QUELQU'UN.

SI ON CONSIDÈRE "LE MAL" COMME UNE FORME D'ÉNERGIE...

EN D'AUTRES TERMES...

...

C'EST QUOI, TOUT CE CHARABIA ...?

IL N'Y A DONC PAS DE RAISON POUR QUE CERTAINES PERSONNES NE PUISSENT PAS INFLUENCER D'AUTRES PERSONNES PAR LA FORCE DE LEUR ESPRIT.

...!

QUI PEUT LIRE LE PASSÉ OU LES SOUVENIRS RESTÉS ACTIFS SUR LES OBJETS OU LES PERSONNES.

ET C'EST VRAI ?

NOUS AVONS BIEN LE CAS D'EIKI...

FREEDOM FOR

C'EST VRAI QU'ELLE ÉTAIT DANS LE BAR L'AUTRE JOUR...

QUE FAISAIT-ELLE SEULE LÀ-BAS ?

QU'EST-CE QU'IL Y A, EIJI ?

....!!

.....

SALLE DE PRÉPARATION D'ÉDUCATION PHYSIQUE

PROFESSEUR WAKIKO KOMATSUZAKI

TYPE QUI SE FLATTE LUI-MÊME.

POURQUOI C'EST MOI QUI DOIS FAIRE ÇA ?

PARCE QUE J'INSPIRE CONFIANCE...

PFF ! VRAIMENT, EIJI...

JE VOULAIS... VOUS DEMANDER QUELQUE CHOSE...

EXCUSEZ-MOI...

slat

ET TU PRENDS UN TRUC, N'IMPORTE QUOI, SUR LEQUEL JE PUISSE FAIRE UNE PSYCHOMÉTRIE !

YÛSUKE ! TU VAS VOIR MLLE KOMATSUZAKI...

BON ....!! CE N'EST PAS UNE RAISON POUR L'ALITANT.

toc toc

OUI ....?

ENTREZ.

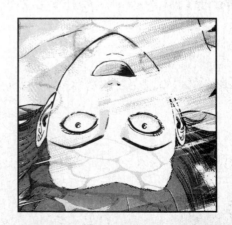

CADAVRES HILARES 4

J'AI CHAUD ...

ZIP

MLLE KOMAT-SUZAKI... QU'EST-CE QUE VOUS FAITES...?

HA ! HA ! HA ! HA ! HA !

HE ! HE...

!?

ZOOM

AU REVOIR !!

ME...
MERCI

CLAC

CLAC

AH BON ? VRAI-MENT ?

ÇA, C'EST UNE PRISE MAGNIFIQUE, YUSUKE.

J'AI MOI AUSSI DU NOUVEAU DE MON CÔTÉ...

EN FAIT...

AH OUAIS ? QUI C'EST QUI EST PARTI EN COURANT ?

PFF... IL A FAILLI SE FAIRE TUER, IL EST PARTI EN COURANT...

PFF !

C'EST VRAI ?!

!!

J'AI RÉUSSI À AVOIR LE N° DE TÉLÉPHONE PORTABLE...

EN FAIT, IL SEMBLE QUE CE SOIT UN TÉLÉPHONE VOLÉ...

ON PEUT DONC SAVOIR QUI C'EST, NON ?

DE CELUI QUI DEALE LES "RED PARASOLS" ET DONT ON PENSE QU'IL EST "POISON".

IL NE S'EN SERVAIT PAS BEAUCOUP ET N'ÉTAIT PAS VRAIMENT GÊNÉ DE SE L'ÊTRE FAIT VOLER.

LE PROPRIÉTAIRE EST UN EMPLOYÉ TOUT CE QU'IL Y A DE PLUS NORMAL QUI HABITE YOKO-HAMA.

QU'EST-CE QUE ÇA PEUT VOULOIR DIRE...?!

LONGUE-VUE...

TRIANGLE.

MONTRE.

COMPAS.

EST-CE QUE ÇA AURAIT UN RAPPORT AVEC LES MOTS DE L'AUTRE FOIS...?

ENCORE...!?

MAIS OLLI !

ON N'A QU'À LUI FAIRE ÉCOUTER LES MORCEAUX DE MUSIQUE CLASSIQUE LES PLUS CONNUS !

JE SENS QU'ON A LÀ UN INDICE IMPORTANT À SAISIR.

MOI, C'EST PLUTÔT LE MORCEAU DE MUSIQUE QUI M'INTÉRESSE.

AUJOURD'HUI, ÇA FAIT PENSER À DES INSTRUMENTS DE SCIENCE.

LE TRIANGLE FAIT SÛREMENT RÉFÉRENCE À L'ÉQUERRE.

ET L'AUTRE JOUR, C'ÉTAIENT DES ANIMAUX PEUT-ÊTRE EN RAPPORT AVEC UN MANUEL D'ÉTUDE...

POSSIBLE... MAIS IL RESTE LE MOT "CHEVEUX"...

EIJI ?!

E...

DAM

EXACTEMENT ! HEIN...

...!?

...

IL...

TAP TAP

Tilt

EH! OH!

!?

JE SUIS DÉSOLÉ MAIS...

DIS DONC, TOI...

BEN... ET MIZU-TANI ?

TAP TAP

...?

ON VIENT L'AI-DER... ...ET IL FILE SANS DIRE MERCI...

AH BON...

WATANABE ...

AVEC UN "W"...

JE CROIS EN EFFET QU'IL FAISAIT PARTIE DU GROUPE D'ÉTUDE DE RAKUGO.

ON EST DANS LA MÊME CLASSE, IL S'APPELLE YUKIO WATA-NABE...

TU T'APPELLES MIURA, C'EST ÇA ?

AH... ASUMA...

TU SAIS QUI C'EST LE TYPE QUI VIENT DE PARTIR EN COURANT ?

IL DISAIT QU'IL FAISAIT DU RAKUGO.

TU VEUX PARLER DE WATA-NABE ?

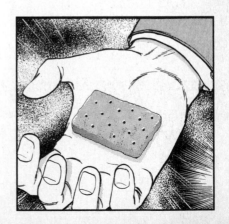

HEIN ?!

"POISON" ... C'EST ELLE !?

MLLE KOMAT-SUZAKI...

LA PROF.

HI ! HI ! HI ! NOUS DEVONS DISCUTER DE CHOSES TRÈS IMPORTANTES. CE N'EST PAS POUR LES ENFANTS... ALORS TU FERAIS MIEUX D'ALLER REGARDER LA TÉLÉ DANS TA CHAMBRE. ♡

zic
zic
zic

TU T'OCCU- PES BÉNÉ- VOLE- MENT DES POLICIERS OU S'EN- NUIENT OU QUOI ?

L'INS- PECTEUR SHIMA EST ENCORE LÀ.

CLAC
ガチャ

EIJI !!!

OUIIS !

QU'EST- CE QUE ÇA A DONNÉ POUR MA PROF ?

OLI...

J'AI L'IMPRES- SION QU'ON A ENFIN FAIT UN PAS EN AVANT...

COMME JE LE PENSAIS...

tac
カチャ

LA PREMIÈRE FOIS QU'ELLE A GOÛTÉ AU BISCUIT ROLL- GEÂTRE, C'ÉTAIT IL Y A ENVIRON 3 SEMAINES...

JUSTE UN PEU AVANT QUE LE RED PARASOL COMMENCE À TOURNER DANS LES BOÎTES DU CENTRE VILLE.

ELLE A ÉTÉ MANI- PULÉE PAR "POISON".

ELLE A D'ABORD PENSÉ ÊTRE TOMBÉE SUR UN BISCUIT... LÉGÈREMENT PÉRIMÉ ET L'A MANGÉ QUAND MÊME.

ELLE A TOUJOURS DANS SON BUREAU UNE BOITE DE BISCUITS QU'ELLE GRIGNOTE EN TRAVAILLANT.

QUELQUES INSTANTS PLUS TARD, ELLE A SOUDAIN EU DE FORTES HALLUCINATIONS ET S'EST SENTIE PARTIR.

VA SAVOIR COMMENT, IL SEMBLE QU'UN RED PARASOL AIT ÉTÉ PLACÉ PARMI LES AUTRES COOKIES.

SANT

PEU DE TEMPS APRÈS...

C'ÉTAIT UNE SENSATION MYSTÉRIEUSE ET LIBÉRATRICE À LA FOIS, ÇA LUI A PLU.

ELLE VENAIT DE SE FAIRE PLAQUER PAR SON PETIT AMI ET DÉPRIMAIT.

ET PUIS ...?

QUI ÊTES-VOUS ...?

ELLE A COMMENCÉ À ÊTRE UTILISÉE COMME REVENDEUSE DE "RED PARASOL" ?

JE SUIS CELUI QUI T'A OFFERT LE BISCUIT ROUGE...

ELLE REÇUT UN COUP DE TÉLÉPHONE DE CELUI QUI SE FAIT APPELER "POISON".

ÇA RESSEMBLE TOUT À FAIT AUX PLANS QUE LES RÉSEAUX DE STUPÉFIANTS METTENT EN PLACE ET DONT ON LIT LES RÉCITS DANS LES MAGAZINES.

...

LES CHOSES DEVIEN- NENT PLUS COMPLI- QUÉES...

!

ENSUITE...

ELLE FAISAIT LE TOUR DES BOÎTES DE NUIT ET ÉTENDAIT LE RÉSEAU... TOUT ÇA SUR ORDRE DE "POISON".

OUI. AFIN DE POUVOIR SE FOURNIR ELLE- MÊME EN COOKIES.

IL LUI ARRIVE D'ENTENDRE UNE VOIX DANS SA TÊTE.

DEPUIS LE JOUR OÙ ELLE A COMMENCÉ À PRENDRE DES RED PARASOLS...

!!

HEIN ?

UNE VOIX QUI LUI DIT : "RIS !".

... ... CELA DURE DEPUIS 2 OU 3 SEMAINES.

ET LORSQU'ELLE EN MANGE, ELLE A DES TROUS DE MÉMOIRE.

ENTENDRE CETTE VOIX, C'EST COMME ENCLENCHER UN INTERRUPTEUR QUI LUI DONNE ENVIE DE RED PARASOL.

...

BIEN ÉVIDEMMENT, CE GENRE DE SYMPTÔME N'EST PAS CENSÉ ÊTRE LIÉ AU POISON CONTENU DANS LE CHAMPIGNON.

EST UNE DES CLÉS ESSENTIELLES POUR COMPRENDRE CES MEURTRES EN SÉRIE...

QUOI QU'IL EN SOIT, LE COMPORTEMENT QU'ELLE A EU HIER ALORS QU'ELLE NE SAVAIT PLUS CE QU'ELLE FAISAIT...

DES HALLUCINATIONS ET DES VISIONS PROVOQUÉES PAR LE POISON DU CHAMPIGNON...

MÊME SI ON PEUT PENSER QUE C'EST PEUT-ÊTRE UN DES EFFETS SECONDAIRES...

"RIS!" ...!!?

OK... À PLUS TARD.

JE VOUS APPELLE SI J'AI DU NOUVEAU.

UNE VOIX DANS LA TÊTE QUI DIT...

BON, MOI NON PLUS, JE NE VAIS PAS TARDER...

OUAIS=

clac

"RIS"...!! DOM DOM DOM

"RIS"... "RIS"...

clac

VRRRRRR VRRRRR

VROOM

tac

Eiji...?

VRRRRRR

Eiji...

AU FAIT...

EIJI ET SHIMA ENQUÊTENT SUR UNE AFFAIRE DE MEURTRES EN SÉRIE DANS LAQUELLE LES VICTIMES ONT ÉTÉ RETROUVÉES NUES DANS LE LYCÉE D'EIJI.

ILS OBTIENNENT UN CERTAIN NOMBRE D'INFORMATIONS.

LONGUE-VUE...

MONTRE...

COMPAS.

ENCORE!?

EIJI DÉCIDE DE FAIRE UNE PSYCHO-MÉTRIE SUR LUI-MÊME AFIN DE SAISIR LA CONSCIENCE DE "POISON" QUI EST ENTRÉE EN LUI.

FINA-LEMENT...

JE... JE...

LE COMPORTEMENT D'EIJI DEVIENT SOUDAINEMENT ÉTRANGE,

MAIS APRÈS AVOIR FAIT UNE PSYCHO-MÉTRIE SUR UN "RED PARASOL"...

PSYCHOMETRER EIJI

GRÂCE À CELA...

IL ESPÈRE OBTENIR LA VÉRITÉ SUR L'IDENTITÉ DE "POISON" MAIS...

IL FAIT
SOMBRE
...

L'OBS-
CURITÉ
TOTALE
...

CADAVRES HILARES 6

J'EN-
TENDS
DE LA
MUSI-
QUE
...!?

DE LA
MUSI-
QUE...

!?

CETTE
MOI-
TEUR...

QUI
M'É-
TOUF-
FE...

JE SAIS AUSSI ...

QUI EST CE "POISON" !!!

AU REVOIR !!

AU REVOIR.

OUI !

UN PAQUET POUR MLLE ASUMA ! UNE PETITE SIGNATURE, SVP !

crunch くくく

DRÔLE D'ODEUR

MAIS BON, J'AI FAIM ALORS ...

!?

OH ! DES BISCUITS ROUGES !

C'EST ORIGINAL.

ICHIRÔ KANSAI ?

UN AMI DE PAPA PEUT-ÊTRE ...

-flap-flap-

サクッ…

cruntch

GOÛTONS VOIR...

TU ES SÛR, EIJI ?

JE N'ARRIVE PAS À Y CROIRE... QUE LUI AIT PU FAIRE UNE CHOSE PAREILLE...

C'EST POUR ÇA QUE JE VEUX VÉRIFIER PAR MOI-MÊME.

MOI NON PLUS, JE NE PEUX PAS Y CROIRE...

DING DONG ピンポーン

TAC

!

CLAC

TIENS ? C'EST OUVERT ...!?

EUH... NOUS AIMERIONS VOUS PARLER...

TAC

IL Y A QUELQU'UN ?

AUCUNE RÉPONSE.

IL NE DOIT PAS ÊTRE LÀ.

HÉ! HÉ!
HÉ! HÉ!
HÉ! HÉ!
HÉ! HÉ!
HÉ! HÉ!
HÉ!

LES CIEUX

C'EST ....!?

TUER !

JE CROIS QU'ON TOUCHE AU BUT.

C'EST ICI QUE SONT FABRIQUÉS LES "RED PARASOLS".

fac

ÇA VIENT DE LÀ...?

UNE ODEUR DE POUBELLES

TU NE SENS PAS UNE DRÔLE D'ODEUR ?

HEIN ?

MAIS IL DEVRAIT Y AVOIR SES PARENTS, NON ?

ALORS "POISON", C'EST...

!?

AAAAAAAAAH!!!

AH...

LA GRIPPE PEUT-ÊTRE...

TAP

J'AI LA NAUSÉE... J'AI LA TÊTE QUI TOURNE...

JE NE SAIS PAS MAIS...

...

PFFF...

HA !
HA !
HA !
HA !

HA !
HA !
HA !
HA !

"RIS"
!
...!

HEIN
?!

DIS,
EIJI...
QU'EST-
CE QUI
TE FAIT
DIRE QUE
C'EST
LUI LE
MEURTRIER
?

ON N'EST
PAS LOIN,
JE VAIS
PASSER
LUI DIRE DE
NE PAS
M'ATTEN-
DRE POUR
DÎNER.

BON,
TANT
PIS.

PIN
PON

PIN
PON

CLIC

ENCORE
OCCUPÉ ?
QU'EST-CE
QUE TU
FAIS,
EMI ?!

tüt
tüt tüt

LÉZARD, AIGLE, CHÈVRE, LION, CYGNE...

ET LES MOTS : CHAT SAUVAGE, PIGEON, BALEINE...

LA VOIX...

AVEC ÇA, JE CROIS QUE C'EST CLAIR, NON ?

ENSUITE J'AI ENTENDU...

OUI... TOUS CES MOTS DÉSIGNENT DES CONSTELLATIONS !

TU CROIS QUE C'EST POUR LA CONSTELLATION DE CASSIOPÉE ?

ET LE SENS DU "W" AUSSI !!

MAIS OUI !!

SI C'EST BIEN LUI LE COUPABLE, ALORS LE MOBILE EST CLAIR...

HOSOKAWA TRAÎNAIT AVEC DES VOYOUS...

CE N'EST PAS TOUT... LES DEUX FILLES...

ET HASE ÉTAIT DANS LE CLUB DE NATATION...

....!!

DES "RED PARA- SOLS" !?

VROOM

VROOM—

VROOM VROOM

VROOM

NON !!!

!?

VROM

...

VROOM

VROOM

VROM

...

RETIRÉ DE LA COLLECTION
DE LA
BIBLIOTHEQUE DE LA VILLE DE MONTL
Georges Vanier
VILLE DE MONTRÉAL

EIJI

© DARGAUD BENELUX (DARGAUD-LOMBARD s.a.) 2002
7, avenue P-H Spaak - 1060 Bruxelles

© 1996 Masashi Asaki & Yuma Ando
All rights reserved
First published in Japan in 1996 by Kodansha Ltd., Tokyo
French publication rights arranged through Kodansha Ltd.

Tous droits de traduction, de reproduction et d'adaptation strictement réservés
pour la France, la Belgique, la Suisse, le Luxembourg et le Québec.

Dépôt légal d/2002/0086/7
ISBN 2-87129-409-7

Conception graphique : Les Travaux d'Hercule
Traduit et adapté en français par Thibaud Desbief
Adaptation graphique : Eric Montésinos

Imprimé en Italie par G. Canale & C. S.p.A. - Borgaro T.se (Torino)